277

ÉCOLE DU GÉNIE CIVIL

SOUS LE HAUT PATRONAGE DE L'ETAT

152, Avenue de Wagram -- PARIS - 17e

ENSEIGNEMENT SUR PLACE ET PAR CORRESPONDANCE

Directeur : J. GALOPIN, ✻ (🙞 I) *Ingénieur Civil*

Notions de Droit Constitutionnel et Administratif

1928

EDITION ET PROPRIETE DE L'ECOLE DU GENIE CIVIL

EXAMENS SPÉCIAUX

auxquels prépare par correspondance l'ECOLE DU GÉNIE CIVIL

Ecoles spéciales et Examens particuliers

L'Ecole prépare à toutes les Ecoles spéciales suivantes : Ecoles d'Hydrographie, Ecoles d'Arts et Métiers, Ecoles des Mécaniciens de Brest, Toulon et Lorient, Instituts techniques spéciaux, Ecole supérieure d'Electricité, Ecole supérieure d'Aéronautique, Ecole Centrale, Ecole de Physique et Chimie, etc..

Préparations spéciales à tous les examens des Douanes des Postes, des Ministères, des Chemins de fer ; préparation spéciale aux Brevets simple, supérieur de l'Enseignement Primaire, ainsi qu'aux divers Baccalauréats, Certificats, Licences.

Industrie

Préparation à tous les grades (Contremaîtres, Conducteurs, Sous-Ingénieurs, Ingénieurs), pour la Mécanique, l'Electricité, les Mines, les Travaux Publics, etc.

Mécaniciens pour Usines et Ateliers : Electriciens. — Chefs mécaniciens. — Conducteurs électriciens. — Ingénieurs et Dessinateurs industriels. — Contremaîtres et Chefs d'ateliers. — Ingénieurs et Sous-Ingénieurs.

Cours spéciaux de Contremaîtres, Dessinateurs et Ingénieurs des Constructions navales.

Marine de Guerre

Matelot Elève-Mécanicien; Quartier-maître mécanicien ; Brevet élémentaire de mécanicien ; Cours du brevet supérieur de mécanicien-électricien, etc. ; Admission au cours des Elèves-Officiers (machine et pont) ; Examen direct pour le grade de mécanicien principal : Examen de quartier-maître préparatoire à l'examen d'Elève-Officier de vaisseau ; obtention du grade d'Officier électricien et d'officier des autres spécialités ; Ecoles techniques élémentaire et supérieur des arsenaux ; Commis de la Marine; Commissaires et Administrateurs de l'Inspection maritime ; Ecoles navales et de Génie maritime ; Ingénieurs d'Artillerie navale ; Agents et Officiers des Travaux hydrauliques.

Marine de Commerce

Brevets de capitaines au Bornage, au Cabotage et au Long Cours ; Brevet pratique de mécanicien pour machines à vapeur ; Brevet pratique de mécanicien pour autres moteurs ; Brevet d'Officier-Mécanicien de 2e classe ; Brevet d'Officier-Mécanicien de 1re classe ; Brevet d'Elève-Officier mécanicien : Emplois d'électriciens dans les grandes Compagnies ; Emplois d'élèves mécaniciens.

Armée

Officiers du service aéronautique. — Officiers mécaniciens. — Saint-Maixent. — Vincennes. — Saumur. — Versailles. — Dessinateurs de l'Armée. — Aspirants de toutes armes. — Saint-Cyr. — Polytechnique, etc.

Administrations

Adjoints techniques, dessinateurs et mécaniciens des Ponts et Chaussées. — Agents et Sous-Agents techniques des Poudres et des Salpêtres. — Mécaniciens électriciens, Dessinateurs de la voie et de la traction, Piqueurs, emplois divers des Chemins de fer. — Mécaniciens et dessinateurs des Postes et Télégraphes. — Mécaniciens et dessinateurs des Manufactures de Tabacs. — Dessinateurs et calqueurs du Ministère de la Guerre, etc.

Préparations Spéciales

Outre sa préparation aux examens ou carrières précités, l'Ecole se tient à la disposition de toutes les personnes n'ayant qu'une ou plusieurs parties à approfondir pour leur faire sur les matières qui les concernent (en tant que celles-ci sont du ressort de ce qu'enseigne l'Ecole) des préparations spéciales à des prix extrêmement avantageux.

En particulier, elle a des préparations très suivies de T. S. F., Automobiles, Aviation, Langues vivantes, etc.

Elle prépare également à tous les emplois réservés aux anciens sous-officiers.

Cours de vacances, Cours du Soir, du Dimanche matin, Leçons Particulières

Des cours spéciaux sont organisés à toute époque et pour toutes les matières de nos programmes.

Les cours les plus suivis sont ceux de Mathématiques, Dessin et Croquis industriels appropriés à toutes les spécialités, cours démonstratifs sur les pièces elles-mêmes des différentes branches techniques.

ÉCOLE DU GÉNIE CIVIL

SOUS LE HAUT PATRONAGE DE L'ETAT

152, Avenue de Wagram -- PARIS - 17e

ENSEIGNEMENT SUR PLACE ET PAR CORRESPONDANCE

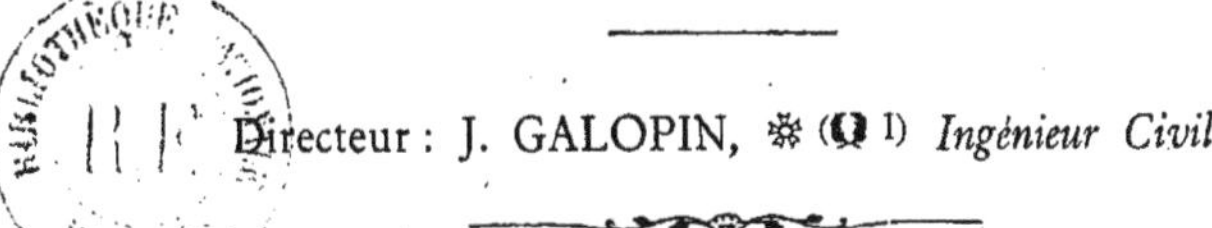

Directeur : J. GALOPIN, ✻ (I) *Ingénieur Civil*

Notions de Droit Constitutionnel et Administratif

1928

ÉDITION ET PROPRIETE DE L'ECOLE DU GENIE CIVIL

Notions de Droit Constitutionnel et de Droit Administratif

Organisation des pouvoirs publics

I. *Notions préliminaires*

L'ensemble des pouvoirs appartient à la nation qui possède la *Souveraineté nationale* c'est-à-dire le droit de faire des lois et d'en poursuivre l'exécution en usant des voies de contrainte extérieure pour assurer l'observation des prescriptions législatives.

La nation est détentrice du *pouvoir constituant*, mais, en fait, elle délègue l'exercice de ses droits à des individus qui tiennent d'elle leur autorité et gouvernent en son nom. Ces individus constituent ce que l'on nomme les *pouvoirs publics* ou *pouvoirs constitués.*

II. *La Constitution de 1875*

Un gouvernement peut avoir un grand nombre d'origines : la force, la coutume, etc., mais il n'est légitime, en droit, que s'il représente, tout à la fois, la justice et la volonté nationale exprimées dans la Constitution.

La France est sous le régime républicain, et la Constitution qui la régit est la Constitution de 1875, constitution écrite composée de trois lois :

1° La loi du 24 février 1875 sur l'organisation du Sénat ;

2° La loi du 25 février 1875 sur l'organisation des pouvoirs publics ;

3° La loi du 16 juillet 1875 sur les rapports des pouvoirs publics entre eux.

La Constitution de 1875 est ce qu'on appelle une constitution « rigide » parce qu'elle ne peut être revisée que par une procédure spéciale, nécessitant la convocation de l'Assemblée nationale, c'est-à-dire des deux Chambres, à Versailles.

Seuls, le Président de la République et les membres des deux Chambres peuvent, en vertu de la loi constitutionnelle du 25 février 1875 demander la revision de la Constitution, et il faut une déclaration concordante du Sénat et de la Chambre des Députés.

La forme républicaine du Gouvernement ne peut faire l'objet d'une proposition de revision.

REVISIONS DEPUIS 1875. — Depuis 1875, il y a eu deux revisions : la première, qui date du 21 juin 1879 a eu pour effet d'abroger l'article 9 de la loi du 25 février 1875 en vertu de laquelle Versailles était le siège des Pouvoirs publics. Le siège a été ramené à Paris.

La seconde, du 14 août 1884, a modifié l'organisation du Sénat.

III. *Pouvoirs publics*

On distingue trois pouvoirs publics :

1° Le pouvoir législatif, dont la mission est de voter les lois ;

2° Le pouvoir exécutif, qui a pour mission de les faire exécuter ;

3° Le pouvoir judiciaire, chargé de l'application des lois.

PRINCIPE DE LA SEPARATION DES POUVOIRS. — C'est avec la Révolution française que s'est introduit dans notre droit public le principe de la séparation des autorités administrative et judiciaire.

La loi des 16-24 août 1790 interdit aux juges, à peine de forfaiture, de troubler, de quelque manière que ce soit, les opérations des corps administratifs.

La Constitution de 1875 a repris ce principe et l'a posé d'une façon absolue, séparation des pouvoirs législatif et exécutif, séparation des pouvoirs législatif et judiciaire, séparation des pouvoirs exécutif et judiciaire.

Les Chambres qui exercent le pouvoir législatif sont souveraines dans la limite de leurs attributions, et le Président de la République, chef du pouvoir exécutif, n'a aucun droit de sanction envers les Chambres, pas plus que les Chambres n'en ont sur lui.

Le pouvoir judiciaire ne peut s'immiscer dans l'exercice des deux autres pouvoirs, pas plus que le législatif et l'exécutif ne peuvent donner d'ordre au pouvoir judiciaire qui jouit de l'indépendance la plus absolue.

Si tous les pouvoirs étaient concentrés dans une seule et même main, il ne pourrait en résulter que le despotisme, la dictature, l'autocratie, la monarchie absolue, décidant, agissant, usant, abusant de son autorité omnipotente, sans réserve.

C'est ce qu'a voulu éviter la Constitution qui régit la France actuellement.

CHAPITRE I.

Pouvoir législatif

En vertu de la Constitution de 1875, le Pouvoir législatif est exercé par deux Assemblées :

1° La Chambre des Députés ;

2° Le Sénat.

A. *Chambre des Députés*

La loi du 12 juillet 1919 avait institué, comme mode d'élection le scrutin de liste, d'après lequel chaque département avait à élire autant de députés que sa population contenait de fois 75.000 habitants, les étrangers n'entrant pas en ligne de compte.

La loi du 13 juillet 1927 a modifié ce mode de scrutin et est revenue au « scrutin uninominal » ou « d'arrondissement » sous lequel se feront les élections de la législature de 1928-1932.

La Chambre des députés est élue au suffrage universel, c'est-à-dire par tous les Français âgés de 21 ans, jouissant de leurs droits civils et politiques, et inscrits sur les listes électorales de leur commune.

Par exception, ne sont pas électeurs les militaires en activité de service des armées de terre et de mer.

Pour être électeur, il faut avoir son domicile réel dans la commune ou y habiter depuis au moins six mois.

Est éligible tout citoyen français âgé de 25 ans, ayant satisfait à la loi sur le recrutement de l'armée, c'est-à-dire ayant figuré sur les listes de recensement et pris part aux opérations du conseil de revision.

Sont toutefois inéligibles d'une façon absolue :

1° Les membres des familles ayant régné sur la France ;

2° Les étrangers naturalisés pendant les dix années de leur naturalisation ;

3° Les militaires ou marins en activité de service, sauf les généraux ayant commandé en chef devant l'ennemi, et les officiers généraux placés dans le cadre de réserve.

Sont inéligibles d'une façon relative :

Les préfets, sous-préfets, secrétaires généraux de préfecture, conseillers de préfecture, premiers présidents et présidents de Cour d'appel, présidents, vice-présidents et juges d'instruction et membres du parquet des tribunaux civils, trésoriers-payeurs généraux, receveur des finances, directeurs d'enregistrement des contributions directes, etc.... dans la circonscription dans laquelle ils exercent leurs fonctions. Mais ils sont éligibles partout ailleurs.

Les députés sont élus pour une durée de 4 années, durée d'une législature. Le mandat est incompatible avec l'exercice de fonctions publiques rétribuées par l'Etat, sauf celles de ministre, de sous-secrétaire d'Etat, de préfet de la Seine, de préfet de police, de résident général ou gouverneur de Colonies, de premier président de la Cour de Cassation, de premier président de la Cour des Comptes, de professeurs de facultés.

Les électeurs sont convoqués par décret vingt jours au moins avant la date des élections.

Le vote a lieu au chef-lieu de chaque commune, dans un ou plusieurs bureaux de vote, sur présentation de la carte d'électeur. Il a toujours lieu un dimanche et ne dure qu'un seul jour.

Le scrutin est ouvert de 8 heures à 18 heures.

Le vote est secret et a lieu sous enveloppe fermée préparée dans un isoloir.

Tout candidat qui obtient la moitié plus un des suffrages exprimés est élu. Si cette majorité n'est pas atteinte, il y a lieu à ballottage, et les électeurs sont convoqués pour le dimanche suivant.

Il n'est plus nécessaire alors pour un candidat d'obtenir la moitié plus un des suffrages. La majorité relative suffit.

B. *Le Sénat*

Le Sénat a été organisé par la loi constitutionnelle du 24 février 1875. Il était aux termes de cette loi, composé de 300 membres, dont 75 membres inamovibles, ces derniers étant nommés par le Sénat, et les autres par un collège électoral spécial, composé dans chaque département d'élus du suffrage universel.

Une loi du 9 décembre 1884 a supprimé les sénateurs inamovibles dans l'avenir et décidé l'attribution des 75 sièges, par voie de tirage au sort, à un certain nombre de départements, au fur et à mesure des extinctions.

L'élection des sénateurs est faite au *suffrage restreint* et dans chaque département au scrutin de liste.

Sont électeurs : 1° les députés ; 2° les conseillers généraux ; 3° les conseillers d'arrondissement ; 4° les délégués du conseil municipal de chaque commune.

Le vote a lieu au chef-lieu du département, un dimanche, et donne lieu à un, deux ou trois tours de scrutin, le même jour.

Le premier tour a lieu de 8 heures à midi ; si aucun candidat ne réunit la majorité absolue des suffrages exprimés et un nombre de voix égal au quart au moins des électeurs inscrits, il est procédé à un deuxième tour, de 14 heures à 17 heures. Si aucun résultat n'est obtenu, il y a lieu à un troisième tour, de 19 heures à 22 heures. A ce dernier tour, la majorité relative suffit.

ATTRIBUTIONS DE LA CHAMBRE DES DÉPUTÉS ET DU SENAT. — En plus d'attributions politiques, les deux Chambres ont la plénitude du pouvoir législatif. Seules, elles peuvent voter les lois, soit qu'elles soient présentées par des membres de l'une ou l'autre de ces assemblées sous forme de *propositions de loi*, soit qu'elles proviennent de l'initiative du Gouvernement, auquel cas ce sont des *projets de loi*. Les deux Chambres contrôlent également les actes des ministres, et ce contrôle s'exerce par les questions, les interpellations, les enquêtes parlementaires et les comptes que les ministres doivent rendre en matière des crédits votés.

Enfin, les deux Chambres constituent par leur réunion une Assemblée nationale constituante, dont le siège est à Versailles, et dont le bureau est composé du Président, des Vice-présidents et des Secrétaires du Sénat. L'Assemblée nationale a pour rôle de procéder à l'élection du Président de la République et à la revision des lois constitutionnelles.

Les attributions des deux Chambres sont donc identiques, sauf les exceptions ci-après :

1° La Chambre des Députés seule peut mettre le Président de la République en accusation pour acte de haute trahison, et elle doit être saisie, avant le Sénat, des projets de lois de finances ;

2° Le Sénat, en cas de vacance de la Présidence de la République, et si la Chambre des Députés est dissoute, se réunit de plein droit, et exerce alors un contrôle sur le pouvoir exécutif (ministres) ; il peut donner au Président de la République, si celui-ci juge nécessaire de dissoudre la Chambre des Députés, un avis conforme.

3° Le Sénat peut se réunir en *Haute Cour de justice* pour juger le Président de la République, les Ministres, ces derniers pour crimes commis dans l'exercice de leurs fonctions, et les simples particuliers coupables d'attentats contre la sûreté de l'Etat.

Pour le Président de la République et les Ministres, la mise en accusation doit émaner de la Chambre des Députés ; pour les particuliers, un décret du Président de la République rendu en Conseil des ministres est nécessaire.

La Haute Cour de justice se compose : de tous les sénateurs, juges, du ministère public qui est chargé de requérir et qui comprend des membres de la Cour d'appel ou de la Cour de cassation, nommés par décret du Président de la République, et d'un greffier dont le rôle est rempli par le secrétaire général de la présidence du Sénat, assisté de commis greffiers.

RÈGLES COMMUNES A LA CHAMBRE DES DÉPUTÉS ET AU SENAT. — Les sessions des deux Chambres sont simultanées, et il y a deux sortes de sessions : 1° la session ordinaire qui commence de plein droit le deuxième mardi de janvier et dure au moins 5 mois ; 2° une session extraordinaire, sur convocation du Président de la République, qui, en pratique, et en raison du vote du budget, se réunit de novembre au 31 décembre.

Dans l'intervalle de ces sessions, le Président de la République peut convoquer les Chambres en sessions extraordinaires lorsqu'il le juge nécessaire, ou lorsque la majorité des membres des deux Chambres le demande.

A la tête de chaque Chambre, il y a un bureau composé d'un président, de quatre vice-présidents, de trois questeurs et de secrétaires (6 au Sénat, 8 à la Chambre des députés).

L'élection du bureau a lieu chaque année, au début de la session ordinaire.

Les Députés et les Sénateurs sont, dans chaque Chambre, répartis par voie de tirage au sort pour composer des bureaux qui nomment chacun les membres des Commissions parlementaires chargées d'étudier et de discuter les projets ou propositions de lois avant qu'ils soient soumis au vote des Chambres. Ces commissions sont au nombre de 20, et la plus importante est la commission des finances qui comprend 44 membres à la Chambre des Députés et 27 au Sénat.

PRÉPARATION ET VOTE DES LOIS. LEUR PROMULGATION. — LOIS ORDINAIRES. — L'initiative des lois appartient au Président de la République et aux membres des deux Chambres. Dans le premier cas, il y a *projet de loi* ; dans le deuxième, *proposition de loi.*

Toute *proposition de loi* est soumise à la formalité de *la prise en considération* par la Chambre devant laquelle elle est présentée, et renvoyée alors devant la commission compétente de l'Assemblée qui émet un avis sur l'opportunité de la loi. Elle la rejette ou la prend en considération. Dans ce dernier cas, elle pourra être discutée et votée.

Les projets de loi ne sont pas soumis à la prise en considération, mais examinés par la commission compétente qui remet son rapport au bureau de l'Assemblée en vue de leur discussion.

Sur tout projet ou proposition de loi, il y a deux délibérations, sauf dans le cas d'urgence déclarée où une seule suffit. L'Assemblée saisie, discute et vote sur l'ensemble de la loi, puis, si elle le décide, sur chaque article. La seconde délibération a lieu cinq jours après la première.

Toute loi votée par une Chambre est transmise à l'autre Chambre qui peut l'adopter telle quelle, auquel cas elle devient définitive, ou la modifier, et dans ce cas, elle doit revenir à la première chambre, et elle peut aller ainsi plusieurs fois de l'une à l'autre, jusqu'à ce qu'un accord se réalise.

Chacun des membres des assemblées a, pendant la discussion, le droit d'amendement, c'est-à-dire la faculté de demander des modifications aux textes présentés.

Les projets ou propositions de lois peuvent indifféremment être portés en premier lieu devant l'une ou l'autre assemblée. Il n'y a d'exception que pour les *lois de finances.*

LOIS DE FINANCES. — On nomme lois de finances toute loi qui concerne les recettes ou les dépenses de l'Etat.

En vertu de la loi constitutionnelle du 24 février 1875, les lois de finances doivent être présentées d'abord à la Chambre des Députés et votées par elle. Elles sont ensuite transmises au Sénat.

Le budget est voté chaque année pour l'exercice suivant qui part du 1er Janvier. En principe, la loi du budget (ou loi de finances) doit être votée pour le 31 décembre.

Dans le cas où la loi de finances ne serait pas votée le 31 décembre, le Gouvernement aurait, afin d'assurer le fonctionnement des services publics, à demander aux Chambres le vote d'un ou plusieurs *douzièmes provisoires*, c'est-à-dire le vote des sommes nécessaires pour les besoins d'un ou plusieurs mois.

Lorsque, au cours d'un exercice, des besoins imprévus viennent à se produire, et que les fonds votés au titre des ministères intéressés sont insuffisants pour assurer ces dépenses, les Chambres peuvent être appelées à voter des *crédits supplémentaires.*

Dans le cas où ces dépenses imprévues auraient un caractère d'urgence et se présenteraient pendant une interruption des sessions des Chambres, le Gouvernement, par décret pris en Conseil d'Etat, déciderait l'ouverture des crédits nécessaires, mais les Chambres doivent être appelées ensuite à ratifier ces crédits.

PROMULGATION. — Toute loi votée par les deux assemblées doit être portée à la connaissance du public par un acte qui s'appelle la *promulgation* et qui consiste en la publication au Journal Officiel et au Bulletin des lois, du texte in extenso de la loi. La promulgation est faite par décret du Président de la République, contresigné par le ou les ministres intéressés, dans un délai d'un mois au plus, ou même de trois jours s'il s'agit d'une loi urgente.

Du fait de la promulgation, la loi devient obligatoire pour tous les citoyens, à Paris, le lendemain de la publication au Journal Officiel, et en province, dans chaque arrondissement un jour franc après l'arrivée du Journal Officiel au chef-lieu du département.

CHAPITRE II.

Le Pouvoir exécutif

A. *Le Président de la République*

En vertu de la loi constitutionnelle du 25 février 1875, le Président de la République est élu à la majorité absolue des voix par l'Assemblée nationale réunie en collège électoral.

Pour être élu Président de la République, il suffit d'être Français, du sexe masculin, âgé de 21 ans au moins et de jouir de ses droits civils et politiques.

Par exception, sont inéligibles les membres des familles ayant régné sur la France.

Le Président de la République est élu pour7 ans et est indéfiniment rééligible. Il est irrévocable et irresponsable, sauf le cas de haute trahison.

ATTRIBUTIONS DU PRÉSIDENT DE LA RÉPUBLIQUE. — Au point de vue législatif, le Président de la République convoque et ajourne les Chambres. Il peut dissoudre la Chambre des Députés sur l'avis conforme du Sénat. Il a l'initiative des lois concurremment avec les membres des deux Chambres. Il peut enfin, lorsqu'une loi a été votée, demander, dans les trois jours ou le mois du vote, suivant qu'il y a ou non urgence, une seconde délibération.

Au point de vue exécutif, le Président de la République promulgue les lois votées par les deux Chambres, en surveille et en assure l'exécution. Il nomme aux emplois civils et militaires, représente la France vis à vis de l'étranger, dispose de la force armée et a le droit de grâce.

Au point de vue des relations de la France avec les nations étrangères, il accrédite les agents diplomatiques auprès des puissances qui, de leur côté, accréditent auprès de lui des ambassadeurs. Il négocie et ratifie les traités, mais pour certains d'entre eux (traités de paix, traités de commerce, traités engageant les finances de l'Etat...) l'approbation des Chambres est nécessaire.

ACTES DU PRÉSIDENT DE LA RÉPUBLIQUE. — Pour assurer l'exécution des lois, le Président de la République prend des décrets qui sont divisés en deux catégories :

1° Des décrets réglementaires ou généraux ;

2° Des décrets individuels ou spéciaux ;

Les décrets réglementaires ou généraux sont, comme les lois, impératifs et obligatoires pour tous. Ils ont pour objet des mesures d'utilité publique ; ils interprètent principalement les lois et en règlent l'application, les Chambres se bornant parfois à voter les lois, laissant au Conseil d'Etat le soin de préparer un règlement d'administration publique qui en sera le complément.

Les décrets individuels ou spéciaux sont ceux qui sont relatifs à une personne bien définie ou qui concerne un objet bien déterminé.

Les décrets individuels sont ou gouvernementaux, si le Président de la République agit comme chef du Gouvernement (décrets de ratification de traités, de promulgation de lois, de convocation ou d'ajournement des Chambres...) ou administratifs si le Président agit comme administrateur de l'Etat (décrets de nomination à des emplois par exemple).

Ces décrets sont obligatoires pour ceux qu'ils concernent, mais peuvent donner lieu à recours, soit devant le Président lui-même, soit par voie de pétition aux Chambres, soit devant le Conseil d'Etat, auquel cas le recours est contentieux.

DÉCRETS-LOIS. — Les décrets-lois se rencontrent à certaines époques critiques, où les pouvoirs législatif et exécutif sont confondus. Ils ont la valeur d'une loi véritable.

B. *Les Ministres*

C'est par l'intermédiaire des ministres que le chef de l'Etat gouverne et dirige les services. Ils sont les auxiliaires du Président de la République, et sont choisis et nommés par lui. En fait, quand un ministère tombe, le Président de la République désigne celui qui, paraissant avoir l'agrément des Chambres, sera chargé de former le nouveau ministère. Celui-ci choisit lui-même ses collaborateurs et en présente la liste au Président de la République qui rend alors autant de décrets qu'il y a de ministres à nommer.

Le *cabinet* ainsi constitué se présente devant les Chambres qui, par un vote, approuvent ou non le programme politique qui leur est soumis. Dans le premier cas, les ministres restent en fonctions ; dans le deuxième cas, ils remettent leur démission au Président de la République qui aura alors à former un autre ministère.

Les ministres se réunissent soit en Conseil des ministres, sous la présidence du Président de la République, soit en Conseil de cabinet, sous la présidence du Président du Conseil pour examiner les affaires courantes.

Dans diverses constitutions de ministères, certains départements ministériels ont eu des Sous-Secrétariats d'Etat (notamment à la Marine Marchande, à l'Aéronautique, aux Postes et Télégraphes).

Les Sous-Secrétaires d'Etat, nommés et révoqués par le chef de l'Etat, comme les ministres, sont les auxiliaires des ministres auxquels ils sont rattachés, pour la partie des services qui leur sont confiés.

ATTRIBUTIONS DES MINISTRES. — Les Ministres sont des fonctionnaires, agents supérieurs du pouvoir exécutif qui appartient au chef de l'Etat. Ils préparent les décrets présidentiels, les projets de lois, et sont agents de liaison entre le Président de la République et les Chambres. Ils ont libre accès au Parlement et ont le droit de se faire entendre quand ils le désirent.

Les ministres répondent aux questions orales ou écrites qui leur sont posées par un membre du Parlement, ainsi qu'aux interpellations.

Les actes des ministres sont collectifs ou individuels.

Les actes collectifs sont accomplis en Conseil des ministres ou en Conseil de cabinet ; les actes individuels sont ceux que les ministres font à l'égard des particuliers.

Pour assurer la bonne gestion de leur département ministériel, les ministres prennent des décisions qui portent le nom d'*arrêtés*, actes toujours motivés et contenant l'indication des textes en vertu desquels ils sont pris.

En outre, les ministres donnent des *instructions* pour l'application des arrêtés, s'il y a lieu, et des *circulaires* pour préciser certains points ou notifier des décisions à une autorité particulière.

RESPONSABILITÉ MINISTÉRIELLE. — La responsabilité des ministres est triple : 1° civile (responsabilité sans sanction) ; 2° politique (les ministres étant solidairement responsables de la politique générale du gouvernement, sont obligés de démissionner quand ils n'ont plus la confiance des Chambres) ; 3° pénale (les ministres peuvent être mis en accusation pour crimes commis dans l'exercice de leurs fonctions).

CONTRE-SEING. — Le Président de la République étant irresponsable, les décrets qu'il signe doivent toujours être contresignés par le ministre qui a soumis le texte du décret à sa signature. Le contreseing engage la responsabilité du ministre.

C. *Les Préfets*

Les préfets sont nommés et révoqués par le Président de la République sur proposition du ministre de l'Intérieur.

Pour parvenir à cette haute situation, il suffit d'être Français, majeur et de jouir de ses droits civils et politiques.

ATTRIBUTIONS DES PRÉFETS. — Les préfets agissent soit comme représentants du gouvernement, soit comme agents du service central, étant les subordonnés des ministres dont ils reçoivent des ordres. Ils représentent l'Etat et exercent une surveillance et une action politique sur tous les services du département.

Les préfets sont compétents pour faire des règlements relatifs au maintien de la sûreté, de la salubrité et de la tranquillité publiques, à l'ouverture et à la fermeture de la chasse ou de la pêche, à la police fluviale, etc... A cet effet, ils prennent des *arrêtés*.

Les préfets ont pour auxiliaires directs : le chef de cabinet, secrétaire particulier, directement recruté par le préfet ; le secrétaire général, fonctionnaire nommé et révoqué par le chef de l'Etat, ayant sous sa direction les bureaux de la préfecture, répartis en divisions, et dont le personnel est nommé et appointé par le préfet.

D. *Les Sous-Préfets*

Les sous-préfets sont nommés et révoqués par le chef de l'Etat, comme les préfets dont ils sont les subordonnés, dans les chefs-lieux d'arrondissement.

Ils n'ont pas de pouvoir exécutif, et leur autorité est limitée à des actes tout à fait secondaires. Ce ne sont en somme que des agents de transmission, d'information et de surveillance.

E. *Les Maires*

Chaque commune est administrée par un maire, élu au scrutin secret par le Conseil municipal, et chargé de veiller aux intérêts de la commune. Les maires sont des agents administratifs subordonnés au sous-préfet de leur arrondissement et au préfet de leur département. En cette qualité, ils sont chargés de la publication et de l'exécution des lois, en même temps que des mesures de sûreté générale.

Les maires sont en même temps officiers d'Etat civil et reçoivent les déclarations de naissance, de décès, de reconnaissance d'enfant naturel. Ils procèdent aux célébrations de mariage.

CHAPITRE III.

Organisation administrative

I. Conseils consultatifs

A. *Le Conseil d'Etat*

Le Conseil d'Etat est une assemblée de hauts fonctionnaires siégeant à Paris sous la présidence du ministre de la Justice, Garde des Sceaux.

Le Conseil d'Etat se compose de conseillers d'Etat en service ordinaire et en service extraordinaires, de maîtres des requêtes et d'auditeurs de première et de deuxième classe.

Le rôle de cet organisme est double : il est organe de consultation, de conseil pour le Gouvernement et tribunal administratif.

Comme organe du Gouvernement, il est appelé à donner son avis sur les propositions de lois que les Chambres jugent à propos de lui envoyer, sur les projets de lois du gouvernement qu'un décret spécial ordonne de lui soumettre. Il intervient obligatoirement pour l'application de la loi lorsque celle-ci a prévu que des décrets généraux devaient intervenir pour en régler les détails. Les décrets portant règlement d'administration publique ou pris en forme de règlements d'administration publique sont obligatoirement pris par le chef de l'Etat après avis du Conseil d'Etat.

Comme tribunal administratif, nous étudierons son rôle dans le chapitre concernant le pouvoir judiciaire.

B. *Conseils de Préfecture*

Le Conseil de Préfecture joue dans chaque département auprès du préfet un rôle analogue à celui que joue le Conseil d'Etat auprès du Gouvernement. Comme ce dernier, son rôle est double, organe de conseil, tribunal administratif.

Les conseils de préfecture se composent de 3 conseillers (sauf celui de la Seine qui a 9 membres), fonctionnaires nommés et révocables par décret. En principe, il existe un conseil de préfecture par département, mais par mesure d'économies, certains départements se sont vu privés de leur conseil, et le nombre des conseils a été réduit en France à 22. Les Conseils sont devenus « interdépartementaux ».

Les conseils de préfecture donnent des avis aux préfets des départements compris dans leur ressort, avis tantôt obligatoires pour les arrêtés qui doivent être pris « en conseil de préfecture », tantôt seulement facultatifs.

Ils exercent en outre une tutelle administrative sur les communes et les établissements publics.

Nous étudierons leur rôle de tribunaux administratifs dans le chapitre concernant le pouvoir judiciaire.

II. Conseils électifs

Au point de vue administratif, la France est divisée en :

Départements,

Arrondissements,

Cantons,

Communes.

Dans chaque département se trouve un Conseil général ; dans chaque arrondissement, un Conseil d'arrondissement ; dans chaque commune, un Conseil municipal.

Le canton, qui n'est qu'une unité géographique, n'a pas de conseil.

A. *Conseils généraux*

Les Conseils généraux sont des assemblées chargées de délibérer sur les intérêts du département, de l'administrer.

Les conseillers généraux sont élus au suffrage universel pour six ans et remplaçables par moitié tous les 3 ans. Chaque conseil comprend autant de membres qu'il y a de cantons dans le département, et se réunit deux fois par an en sessions ordinaires, la première le deuxième lundi après Pâques, la seconde le premier lundi après le 15 août. Des sessions extraordinaires, de 8 jours au plus, peuvent avoir lieu sur convocation du chef de l'Etat ou sur convocation du préfet du département à la demande de deux tiers au moins des membres de l'Assemblée.

ATTRIBUTIONS DU CONSEIL GÉNÉRAL. — Le Conseil général gère le patrimoine du département, vote le budget des recettes et des dépenses, en fait la répartition entre les arrondissements, décide toutes les mesures relatives à la création et à l'entretien des routes départementales et des principaux chemins vicinaux, à la création des chemins de fer d'intérêt local, à l'entretien des édifices départementaux, au fonctionnement des services départementaux, d'assistance, service des enfants assistés, asiles d'aliénés, dépôts de mendicité, etc...

Il joue enfin le rôle de comité consultatif à l'égard de l'autorité centrale et est appelé à ce titre à émettre des vœux — sauf des vœux politiques — et des avis.

Le Conseil général ne se réunissant que deux fois par an, il a été jugé nécessaire d'instituer un organe permanent, à côté du conseil, et chargé à son égard d'une mission de collaboration et de contrôle.

COMMISSION DÉPARTEMENTALE. — La Commission départementale est l'organe permanent de collaboration et de contrôle du Conseil général. Elle est élue chaque année par le Conseil général à la fin de la session d'août, et se compose de 4 à 7 membres.

Son seul rôle est de représenter le Conseil général. Elle se réunit au moins une fois par mois, règle les affaires qui lui ont été envoyées par le conseil et contrôle l'administration du préfet, examine le projet de budget, fixe l'ordre de priorité des travaux publics départementaux si le Conseil général ne l'a pas fait, approuve les contrats passés par le préfet, au nom du département, examine les demandes d'admission à l'assistance des vieillards et incurables dépourvus de domicile et de secours communal, etc...

B. *Conseils d'arrondissement*

Les Conseils d'arrondissements sont comme les conseils généraux des assemblées élues au suffrage universel pour une durée de six ans, remplaçables par moitié tous les 3 ans, et composés d'autant de membres qu'il y a de cantons dans l'arrondissement.

Les conseils d'arrondissement tiennent chaque année une session, divisée en deux parties, l'une précédant, l'autre suivant la session du conseil général.

ATTRIBUTIONS DES CONSEILS D'ARRONDISSEMENT. — Les Conseils d'arrondissement n'ont guère d'importance. Leur principale fonction consiste à faire la répartition, entre les communes de l'arrondissement, des fonds attribués par le conseil général à l'arrondissement.

Les conseils d'arrondissement peuvent être appelés à donner des avis et peuvent émettre des vœux.

C. *Conseils Municipaux*

Les Conseils municipaux sont élus au suffrage universel pour une durée de 4 années. Le nombre des conseillers varie de 10 à 36, suivant le chiffre de la population.

Ces conseils se réunissent quatre fois par an en sessions ordinaires et, s'il y a lieu, en sessions extraordinaires.

ATTRIBUTIONS DES CONSEILS MUNICIPAUX. — Les Conseils municipaux élisent en leur sein, au scrutin secret, un maire et des adjoints. Ils sont chargés des intérêts de la commune, votent le budget, dont les recettes sont constituées par la répartition des fonds que fait le Conseil d'arrondissement, par les centimes additionnels, les octrois, et taxes les ressources des biens communaux, et l'exploitation de certains services, tel que gaz et eaux, et, s'il y a lieu, par des emprunts.

Les Conseils municipaux accomplissent quatre sortes d'actes : ils prennent des décisions, donnent des avis, formulent des vœux et émettent des réclamations.

De leurs décisions, les unes sont définitives, les autres ne sont exécutoires qu'après approbation par le Préfet.

CHAPITRE IV.

Le pouvoir judiciaire

Les Juridictions

Pour que les lois atteignent leur but, qui est de faire régner l'ordre dans la Société, il faut que leur exécution soit assurée.

Ce soin appartient au pouvoir judiciaire, à la Justice.

La justice est rendue par des juridictions diverses, et cette diversité se justifie soit par le principe de la séparation des pouvoirs, soit par des raisons d'utilité publique.

Le pouvoir de juridiction est le pouvoir donné à un magistrat unique ou à un groupe de magistrats (tribunal) soit pour accomplir ou recevoir certains actes, soit pour instruire et juger les procès. Dans le premier cas, la juridiction est *gracieuse*, dans le second, elle est *contentieuse*.

Ces diverses juridictions peuvent être divisées, d'après leur objet, en *juridiction de l'ordre judiciaire et pénal*, en *juridiction de l'ordre commercial*, et en *juridiction de l'ordre administratif*.

Ces juridictions peuvent également être divisées en *juridictions de droit commun*, compétentes pour une affaire déterminée, toutes les fois qu'un texte spécial de la loi n'en aura pas donné compétence à une autre juridiction, et *juridictions d'exception* en raison de la qualité des justiciables ou la nature du litige.

Sont juridictions d'exception, les tribunauux de commerce, les conseils de prud'hommes, les tribunaux administratifs.

Chaque tribunal exerce la justice sur une partie déterminée du territoire, qu'on nomme *ressort*. C'est ainsi qu'il y a, en matière civile :

Une justice de paix par canton,

Un tribunal de première instance, en principe. (1) par arrondissement,

Une Cour d'appel pour un ou plusieurs départements,

En matière criminelle :

Un tribunal de simple police par canton,

Un tribunal correctionnel, en principe, (1) par arrondissement,

Une cour d'assises par département,

En matière commerciale :

Un tribunal de commerce, ainsi qu'un Conseil de prud'hommes dans les villes commerciales ou industrielles, spécialement désignées.

En matière administrative :

Un Conseil de préfecture par département, en principe (1).

---

(1) Nous disons *en principe* parce que, par mesure d'économies, un certain nombre de tribunaux civils, de tribunaux correctionnels, de conseils de préfecture ont été supprimés et rattachés à des tribunaux ou conseils de départements voisins.

Le Conseil d'Etat,
La Cour des Comptes, le tribunal des conflits.
Au-dessus de tous les tribunaux judiciaires proprement dits, il y a la Cour de cassation, unique pour toute la France.

I. Juridiction civile et criminelle

A. *Juridiction civile*

La juridiction civile s'exerce par les tribunaux ordinaires. ou de droit commun, et comprend :

Les justices de paix, les tribunaux civils, les cours d'appels.

JUSTICES DE PAIX. — Il y a une justice de paix par canton, composée d'un juge unique, le juge de paix, assisté d'un greffier.

Le juge de paix doit, tout d'abord, pour toute affaire qui lui est soumise, s'efforcer de concilier les parties.

Si la conciliation n'aboutit pas, il appelle les parties devant son tribunal et juge soit en premier et dernier ressort, pour les affaires personnelles et mobilières dont l'objet ne dépasse pas 1.000 francs, soit en premier ressort, avec faculté d'appel devant le tribunal civil, pour les mêmes affaires dont l'objet ne dépasse pas 3.000 francs.

Parmi les affaires dont le juge de paix a compétence, nous citerons, en plus des affaires personnelles et mobilières dont il est parlé ci-dessus : les contestations entre particuliers et hôteliers, propriétaires, locataires, entrepreneurs de transports par terre et par eau, maîtres et domestiques, dommages causés aux champs ou récoltes soit par l'homme, soit par les animaux, actions pour rixes ou voies de fait, actions en bornage, en constructions et travaux nuisibles, demandes en pensions alimentaires, etc...

En dehors de ses fonctions judiciaires, le juge de paix convoque et préside les conseils de famille, appose et lève les scellés, prend part aux enquêtes dans les accidents du travail, en cas de blessures graves, cote et paraphe les registres de commerce.

TRIBUNAUX CIVILS. — Les tribunaux civils appelés aussi tribunaux de première instance ou tribunaux d'arrondissement, siègent au chef-lieu de chaque arrondissement, et sont composés de juges, de juges suppléants, d'un ministère public et d'un greffier.

Chaque tribunal comprend de 3 à 15 juges et peut être divisé en plusieurs chambres, chaque chambre devant avoir 3 juges.

Quand il y a plusieurs chambres, l'une d'elles est chargée spécialement de la police correctionnelle. S'il n'y a qu'une chambre, elle est à la fois civile et correctionnelle, c'est-à-dire juge tour à tour, comme tribunal civil et comme tribunal correctionnel.

Le ministère public, c'est-à-dire le magistrat chargé de demander l'application et l'exécution des lois, est représenté par le Procureur de la République ou son substitut.

Les tribunaux civils connaissent de toutes les actions qui ne sont pas attribuées aux tribunaux d'exception, et des appels contre les jugements rendus par les juges de paix.

Ils jugent en premier ressort les affaires personnelles et mobilières dont l'objet dépasse 1.500 francs ;

En premier et dernier ressort, celles dont la valeur ne dépasse pas 1.500 francs ;

En appel et en dernier ressort, les jugements en appel rendus par les juges de paix.

Les appels contre les jugements rendus par les tribunaux civils sont portés devant la Cour d'appel.

COURS D'APPEL. — Il y a en France une Cour d'appel pour un ou plusieurs départements, en tout 26.

La Cour d'appel siège généralement au chef-lieu du département sur le territoire duquel elle se trouve.

Chaque cour comprend un premier président, autant de présidents qu'il y a de chambres, et un nombre de conseillers qui varie de 8 à 24. A Paris, le nombre des conseillers est de 52.

Le ministère public est représenté par un Procureur général assisté d'avocats généraux et de substituts.

A chaque cour est attaché un greffier assisté de commis greffiers.

Les sentences rendues par les cours d'appel portent le nom d'*arrêts*.

La compétence civile ordinaire des cours d'appel est la connaissance en dernier ressort des appels des jugements des tribunaux d'arrondissements, des tribunaux de commerce et les ordonnances de référé.

Les cours d'appel connaissent également des appels des jugements des tribunaux correctionnels dont nous parlerons plus loin.

B. *Juridiction criminelle*

La juridiction criminelle s'exerce, comme la juridiction civile, par les tribunaux de droit commun, et comprend :

Les tribunaux de simple police, les tribunaux correctionnels et les cours d'assises.

TRIBUNAUX DE SIMPLE POLICE. — Il y a un tribunal de simple police par canton et le juge de paix en est l'unique juge, sous le nom de juge de simple police. A ce titre, il est chargé de la répression des infractions légères désignées sous le nom de *contraventions*.

Tout tribunal de simple police se compose d'un juge, d'un ministère public et d'un greffier.

Le juge, en même temps président, est, nous avons dit, le juge de paix du canton. Il peut être aussi l'un de ses suppléants.

Les fonctions de ministère public sont remplies par le commissaire de police du lieu, ou par une personne désignée par le procureur général, ou pour un agent d'une administration ayant dressé contravention.

Le greffier est le même que celui de la justice de paix.

Les peines prononcées en matière de contraventions sont l'amende (de 1 à 15 francs) ou la prison (1 à 5 jours).

Les jugements des tribunaux de simple police sont portés en appel, s'il y a lieu, devant le tribunal correctionnel

Par exception, le juge de paix juge en matière correctionnelle les infractions à la police des chemins de fer, à la police de la chasse, à la police de la pêche fluviale, bien que ces infractions soient des délits.

TRIBUNAUX CORRECTIONNELS. — Ainsi que nous l'avons vu précédemment, chaque tribunal civil comportant plusieurs chambres, charge l'une d'elles de la police correctionnelle. Si le tribunal civil n'a qu'une chambre, cette chambre est tour à tour civile et correctionnelle.

Les tribunaux correctionnels se composent de 3 juges dont un président, d'un ministère public (le Procureur de la République ou son substitut) et d'un greffier (le greffier du tribunal civil).

Ces tribunaux sont compétents pour les infractions nommées *délits*, et en particulier les délits maritimes.

Ils jugent en dernier ressort les appels contre les jugements rendus par les tribunaux de simple police, et en premier ressort à charge d'appel, les *délits*.

Les peines que peuvent prononcer les tribunaux correctionnels sont la prison et l'amende, ou l'une de ces deux peines seulement.

Il peut être fait appel de ces jugements devant la cour d'appel, qui a une de ses chambres chargée des appels correctionnels.

COURS D'ASSISES. — Il y a une cour d'assises pour un ou plusieurs départements. Chaque cour comprend un groupe de 12 hommes, formant le *jury* et appelés *jurés*, jugeant de la culpabilité de l'accusé et de l'application de la peine ; un ministère public, qui est en principe le Procureur général près la Cour d'appel, et un greffier qui est le greffier de la cour d'appel, si la cour d'assises se réunit au chef-lieu d'une cour d'appel, ou le greffier du tribunal civil, en tout autre cas.

Trois magistrats jouent le rôle de juges : le Président des assises, choisi parmi les conseillers à la cour d'appel, et ses deux assesseurs, pris parmi ces mêmes conseillers ou parmi les juges du tribunal civil.

La cour d'assises est une juridiction *temporaire*, qui n'existe que pour la durée d'une session, soit quinze jours. Il y a quatre sessions par an.

Cette cour est compétente pour juger les infractions dénommées *crimes*, et prononce des peines de prison, réclusion, travaux forcés à temps ou à perpétuité et la peine capitale.

Quand l'accusé comparaît, la procédure à son égard est la procédure contradictoire, avec l'intervention des jurés. Lorsqu'il ne comparaît pas, intervient la procédure par *contumace*. L'accusé est alors jugé par les trois juges, sans l'intervention des jurés.

Les arrêts des cours d'assises ne sont pas susceptibles d'appel, mais seulement de pourvoi devant la cour de cassation.

II. Tribunaux d'exception

On compte deux sortes de tribunaux d'exception :

Les tribunaux civils d'exception qui comprennent les tribunaux de commerce et les conseils de prud'hommes.

Et les tribunaux administratifs, qui sont les conseils de préfecture, le conseil d'Etat, la cour des comptes, le tribunal des conflits, et divers tribunaux spéciaux.

A. *Tribunaux civils d'exception*

TRIBUNAUX DE COMMERCE. — Il existe en principe un tribunal de commerce au siège de chaque arrondissement, partout où les intérêts commerciaux ou industriels en nécessitent l'installation.

Les caractères essentiels de la juridiction commerciale peuvent se résumer comme suit :

1° Les tribunaux de commerce se composent uniquement de commerçants ou anciens commerçants, à l'exclusion de tout magistrat de profession. Sont assimilés sous ce rapport aux commerçants : les directeurs des sociétés anonymes françaises, les capitaines de navires et les pilotes.

2° Les juges des tribunaux de commerce sont électifs : ils sont élus par leurs pairs ;

3° Leurs fonctions sont temporaires et gratuites.

Les tribunaux de commerce se composent d'un président, de juges et de juges suppléants élus pour 2 ans par les commerçants patentés, les capitaines au long cours, les pilotes. Les femmes commerçantes patentées ont le droit de vote, mais ne sont pas éligibles. A chaque tribunal de commerce est attaché un greffier.

La compétence des tribunaux de commerce porte sur les contestations relatives aux actes de commerce, sur les contestations entre associés, et sur tout ce qui concerne les liquidations judiciaires, les faillites, les homologations de concordat.

Ces tribunaux sont compétents en premier et dernier ressort sur toutes les demandes dans lesquelles les parties justiciables auront déclaré vouloir être jugées définitivement et sans appel, et sur toutes les affaires dont le principal n'excède pas la valeur de 1500 francs.

Au-dessus de 1500 francs, l'affaire n'est jugée qu'en premier ressort et est susceptible d'appel devant la cour d'appel.

Les tribunaux de commerce ne connaissent pas de l'exécution de leurs jugements. C'est au Président du tribunal civil à les rendre exécutoires.

En matière maritime, ces tribunaux connaissent de tous les différends qui peuvent s'élever à l'occasion des expéditions maritimes, tant au point de vue des marchandises que des loyers des marins. Ils peuvent autoriser la vente de marchandises chargées sur les navires, nommer des experts, etc... Les *rapports de mer* des capitaines sont remis au greffe du tribunal de commerce à l'arrivée des navires.

Dans les villes où il n'y a pas de tribunal de commerce, les affaires sont portées devant le tribunal civil jugeant commercialement.

CONSEILS DE PRUD'HOMMES. — Il existe des conseils de prud'hommes dans les villes industrielles et commerciales où leur organisation est jugée nécessaire.

Ces conseils sont chargés de juger les différends pouvant s'élever à l'occasion du contrat du travail dans le commerce et l'industrie entre employeurs et employés.

Les conseillers prud'hommes sont élus par leurs pairs, d'après des listes électorales comprenant l'une, des patrons, une autre des employés, une dernière des ouvriers.

Chaque liste élit ses prud'hommes patrons, ses prud'hommes employés, et ses prud'hommes ouvriers.

Il doit y avoir toujours un nombre égal de prud'hommes dans chaque catégorie, et le président doit être alternativement chaque année un prud'homme patron et un prud'homme employé ou ouvrier.

Toute affaire portée devant un conseil de prud'hommes doit être tout d'abord présentée devant le bureau de conciliation, et ce n'est qu'en cas de désaccord que la cause est jugée par le tribunal des prud'hommes.

Les jugements des conseils des prud'hommes sont définitifs et sans appel lorsque le chiffre de la demande n'excède pas 300 francs. Au-dessus de ce chiffre, l'appel peut être porté devant le tribunal civil.

B. *Tribunaux administratifs*

CONSEILS DE PREFECTURE. — En principe, il devrait exister un conseil de préfecture au chef-lieu de chaque département. Par mesure d'économies, plusieurs de ces conseils sont devenus interdépartementaux.

Nous avons précédemment traité de leur organisation et de leur rôle vis-à-vis du préfet et des intérêts du département. Ici, nous l'examinerons sous le rôle de tribunal administratif.

Le Conseil de préfecture est chargé de juger les différends qui s'élèvent entre l'administration et les particuliers soit en matière de contributions directes (réclamations-décharges ou réduction des cotes), soit en matière de travaux publics (différends entre l'administration et un entrepreneur au sujet de l'interprétation des clauses d'un cahier des charges).

Il statue en premier ressort sous appel devant le Conseil d'Etat, soit en premier et dernier ressort.

Il rend ses arrêts le plus souvent en matière civile, mais peut aussi juger correctionnellement, en ce qu'il peut infliger des pénalités pour la répression de certaines contraventions, par exemple en matière de grande voirie, commises dans les ports ou sur les rivages de la mer.

Il est également chargé de juger les comptes des communes et établissements publics dont les revenus n'excèdent pas 30.000 francs, sous réserve d'appel devant la cour des comptes.

CONSEIL D'ETAT. — Nous avons vu précédemment le conseil d'Etat comme organe d'avis et de conseil pour le Gouvernement. Nous le voyons ici comme tribunal administratif, juge souverain, sans possibilité d'appel ou de pourvoi devant un autre tribunal ou une autre cour.

Il est à la fois juge en premier et dernier ressort, juge d'appel et juge de cassation.

Il statue sur :

les pourvois formés contre les actes du pouvoir exécutif lésant des droits acquis (refus de pension - admission anticipée à la retraite - annulation de navigation d'inscrits maritimes, etc...),

Les recours formés pour excès de pouvoir (violation de la loi, incompétence ou vice de forme).

La plupart des recours en matière électorale.

Les recours en matière de contributions,

Les recours en matière de contravention de grande voirie.

Les recours prévus par l'article 33 de la loi du 15 juillet 1893 sur l'assistance médicale gratuite.

Comme juge d'appel, le Conseil d'Etat statue sur les jugements rendus par les Conseils de préfecture, et comme juge de cassation sur les recours formés contre les décisions de certains tribunaux exceptionnels (tribunaux universitaires, conseils de révision, etc...)

COUR DES COMPTES. — La Cour des Comptes, tribunal administratif unique siégeant à Paris, comprenant un premier président, trois présidents de chambre, dix-huit conseillers-maîtres, quatre-vingt six conseillers référendaires, vingt-cinq auditeurs, et ayant auprès d'elle un procureur général auquel est adjoint un avocat général, est chargée de contrôler les opérations de tous les comptables maniant les deniers publics.

Son rôle est juridictionnel sur les comptes de gestion des comptables *en deniers*, et de contrôle à l'égard des comptables *en matières* et des *ordonnateurs.*

La Cour des comptes rend trois sortes d'arrêts : elle donne *quitus* au comptable, ou le met en *débet* ou en *avance.* Les arrêts sont transmis au ministre des finances pour sanction.

TRIBUNAL DES CONFLITS. — On définit *conflits* toute lutte de compétence entre deux autorités. On les appelle *conflits de juridiction* si les deux autorités sont du même ordre, et *conflits d'attributions* s'ils s'élèvent entre deux tribunaux d'ordre différent.

Ces conflits sont dits *positifs* si deux tribunaux se déclarent en même temps compétents pour une même affaire, et sont dits *négatifs* si deux tribunaux se déclarent respectivement incompétents.

C'est au tribunal supérieur du même ordre qu'il appartient de faire cesser les *conflits de juridiction* ; dans l'ordre judiciaire, la Cour de cassation juge le conflit entre deux cours d'appel ; la cour d'appel entre deux tribunaux du même ressort...

Les *conflits d'attribution* sont tranchés par le tribunal des conflits.

La procédure du *conflit positif d'attribution* a un caractère unilatéral en ce sens qu'elle permet à l'autorité administrative de revendiquer contre la juridiction judiciaire, la connaissance d'une contestation qu'elle croit être de sa compétence, mais ne permet pas à la juridiction judiciaire de défendre sa compétence contre les empiètements de l'autorité administrative.

Ce principe permet de sauvegarder l'intérêt général alors que la revendication contre les tribunaux administratifs d'un procès qu'on prétendrait être de compétence judiciaire ne pourra être exercé que dans un intérêt exclusivement privé.

En effet, s'il arrive par exemple qu'un Conseil de préfecture se déclare compétent pour trancher une question de propriété, la partie qui n'a pas choisi cette juridiction pourra s'en plaindre et se prétendre intéressée à ce que son procès soit discuté devant le tribunal civil, sans que l'intérêt général se trouve lésé s'il n'est pas donné satisfaction à sa prétention. Il en est tout autrement quand l'empiètement se produit en sens contraire, dans le cas par exemple où un tribunal se déclarerait compétent pour interpréter un arrêté préfectoral, acte administratif de puissance publique. L'autorité du préfet risquerait d'être contre-carrée par celle du tribunal, et l'intérêt général en souffrirait.

Lorsqu'un préfet estime qu'une affaire portée devant un tribunal est de la compétence de l'autorité administrative, il adresse au procureur de la République un *déclinatoire d'incompétente.* Si le tribunal rejette le déclinatoire, le préfet peut élever le conflit. Il prend alors un *arrêté de conflit*, qu'il transmet au tribunal des conflits par l'intermédiaire du Garde des Sceaux.

Dans le cas de *conflit négatif d'attribution.* où les autorités administratives et judiciaires se déclarent l'une et l'autre incompétentes, c'est par les parties elles-mêmes que le tribunal des conflits doit être saisi.

Le tribunal des conflits est présidé par le Garde des Sceaux et comprend trois conseillers à la Cour de cassation et trois conseillers d'Etat.

Les fonctions de ministère public sont exercées par deux commissaires du gouvernement désignés chaque année par le Président de la République et choisis l'un parmi les Maîtres des requêtes du Conseil d'Etat, l'autre parmi les membres du parquet de la Cour de Cassation.

C. *Tribunaux divers d'exception*

Parmi les tribunaux divers d'exception, nous citerons :

Les conseils de guerre pour l'armée, les conseils de guerre et tribunaux maritimes pour les marins de l'Etat, et le personnel des arsenaux ; les conseils de guerre à bord et les conseils de justice, pour les marins embarqués sur les navires de l'Etat ;

Les conseils de discipline des diverses administrations de l'Etat.

Les tribunaux universitaires pour l'instruction publique.

Les conseils de revision pour visite des jeunes soldats de la classe, etc...

On peut également citer la Haute Cour de justice, juridiction politique dont nous avons parlé au chapitre I, paragraphe B (le Sénat).

Cour de Cassation

Au-dessus de tous les tribunaux judiciaires proprement dits est placée la Cour de cassation, tribunal suprême, unique pour toute la France, siégeant à Paris, composé de 45 conseillers, plus un premier président et trois présidents, et comprenant 3 chambres, la Chambre des requêtes, la Chambre civile et la Chambre criminelle.

Le ministère public se compose d'un procureur général et de six avocats généraux. Il y a un greffier assisté de 4 commis greffiers.

La mission de la Cour de cassation est de maintenir une saine et uniforme application des lois. Elle ne juge pas sur le fond, mais sur la forme, et est saisie par *pourvoi*.

Elle statue sur les pourvois contre les arrêts des cours d'appel et les jugements des tribunaux et des cours d'assises pour :

Incompétence ou excès de pouvoir :

Violation expresse de la loi ;

Violation des règles de procédure ;

Contrariété de jugements en dernier ressort rendus par des tribunaux différents.

La Cour de cassation rend des arrêts de deux sortes :

Ou bien elle casse la décision rendue et renvoie l'affaire devant un tribunal ou une cour autre que celle qui a rendu la décision, mais de même ordre — ou bien elle rejette le pourvoi et la décision rendue devient définitive.

CHAPITRE V.

Exécution des jugements

En principe, ainsi que nous l'avons vu, tous les jugements sont susceptibles d'être réformés en appel ou en cassation, et ne deviennent définitifs, et par suite, exécutoires, que lorsque tous les moyens de recours sont épuisés, et ils ne sont exécutoires que s'ils renferment une mention appelée *formule exécutoire*, mettant au besoin la force publique à la disposition de la justice.

Aucun jugement ne peut d'ailleurs être exécuté, en matière civile, sans avoir été au préalable *signifié*, la signification étant suivie d'un *commandement*. En cas de non exécution, la poursuite est faite par voie d'huissier et s'applique le plus habituellement sur les *biens* du condamné. C'est la *saisie*, qui est *saisie mobilière* si elle porte sur les biens mobiliers, *saisie arrêt* si elle porte sur les traitements ou salaires, *saisie immobilière* si elle s'applique aux immeubles.

En matière pénale, si le condamné n'est pas déjà entre les mains de la justice, il est appréhendé par la force publique et incarcéré s'il a été condamné à une peine d'emprisonnement. S'il n'est condamné qu'à l'amende, l'intéressé devra en verser le montant à la caisse du Trésor, et en cas d'inexécution pourra être emprisonné ; c'est ce que l'on appelle la *contrainte par corps*.

Notons toutefois que les tribunaux peuvent, en cas de condamnation, faire application de la loi Bérenger, en vertu de laquelle il est sursis à l'exécution.

TABLE DES MATIÈRES

L'ENSEIGNEMENT PAR CORRESPONDANCE

SES AVANTAGES

L'enseignement par correspondance créé en Amérique où il est fort répandu, n'a aucun rapport avec d'autres méthodes d'enseignement par correspondance qui s'ouvrent chaque jour. Cet enseignement qui a exigé près de quinze années d'efforts ininterrompus, se plie à toutes les situations, à toutes les exigences, évite tout dérangement à l'élève qui peut n'y consacrer que ses moments de loisirs. Il permet à tous de conquérir une situation ou d'améliorer une situation déjà acquise.

L'enseignement est individuel ; l'élève en fixe lui-même le commencement et la durée ; les leçons qu'il reçoit lui sont personnelles.

Le bagage de l'enseignement par correspondance se compose :

1° *D'ouvrages édités par l'Ecole spécialement pour le* **travail chez soi** ;

2° *Des séries d'exercices englobant toute la substance des cours et exigeant pour être traitées la connaissance approfondie des cours* ;

3° *D'un tableau de travail ou plan d'études fixant, pour chaque période de travail dont la durée de 8 à 15 jours, suivant le temps dont l'élève dispose, la partie du cours à apprendre et la série d'exercice à rédiger.*

La marche de l'enseignement est très facile à comprendre. L'élève apprend d'abord la partie du cours indiquée par son plan d'études, traite ensuite les devoirs correspondants et les retourne à l'École pour correction. Ces devoirs, revêtus de notes, critiques et solutions du professeur, parviennent à l'élève qui s'en pénètre et passe ensuite utilement à la tâche suivante, fixée par le tableau de travail. Un service spécial suit les études de l'élève, le dirige et le conseille dans son travail.

LES RAISONS DE NOTRE SUCCÈS

Nous résumons succinctement les causes des brillants succès de l'Ecole. Les personnes désireuses d'être complètement renseignées sur son fonctionnement n'auront qu'à demander le **Programme officiel qui leur sera adressé gratuitement par la Direction.**

1° L'École ne faisant aucun bénéfice sur son enseignement a pu établir des prix de préparation qu'**aucun établissement commercial** ne pourrait faire, **à valeur égale d'enseignement.**

2° Etant la seule Ecole de ce genre qui **soit subventionnée** en raison de la haute valeur de son enseignement et **recevant chaque année de nouvelles subventions**, le prix de ses préparations va sans cesse en diminuant tandis que le nombre des cours augmente continuellement.

3° Son personnel, très sévèrement sélectionné, ne se compose que de Professeurs, d'Ingénieurs ou d'Officiers ayant tous une certaine célébrité par les travaux qu'ils ont faits.

4° **Les Professeurs enseignent par correspondance les cours qu'ils professent sur place. C'est la seule Ecole par correspondance qui jouisse de cet avantage.**

5° La moyenne des Elèves aux concours et examens a été jusqu'ici extrêmement élevée.

6° Chacun peut s'instruire sans que personne ne le sache, **même en suivant des cours dans une autre Ecole.**

7° Tous les élèves se préparant aux carrières industrielles ou non reçus aux examens **sont rapidement placés par les soins de l'Ecole.**

8° Grâce aux nombreux ouvrages de l'Ecole (500 cours imprimés et autographiés) réimprimés chaque année, les élèves ont non seulement les plus grandes facilités pour s'instruire, mais lorsqu'ils ont quitté l'Ecole, ils peuvent encore suivre très rapidement les progrès réalisés chaque jour dans la Mécanique et les Sciences.

9° Les diplômes de l'Ecole sont très appréciés dans la Marine marchande et dans l'industrie à cause des capacités reconnues de nos élèves.

C'est d'ailleurs la seule Ecole qui délivre pour toutes les *branches de l'industrie* des diplômes *à tous les grades* (**Contremaîtres, Conducteurs, Sous-Ingénieurs, Ingénieurs**).

10° Les anciens élèves sont groupés en Association, ce qui permet à tous les adhérents de la Société d'être prévenus immédiatement des divers avantages pouvant les intéresser. (*Demander les statuts*).

11° Une revue technique mensuelle, « *La Revue Polytechnique* » qui a justement et très rapidement acquis une place dans la littérature technique, traite des sujets originaux et forts intéressants. Elle est remise gratuitement chaque fois aux anciens élèves. Prix d'un spécimen : **1 fr.**

Un bulletin mensuel est de plus l'organe de la Société des Anciens Elèves qui le reçoivent **gratuitement.**

12° Les ouvrages de l'Ecole du Génie Civil sont adoptés par les Ecoles de la Marine et par de **nombreuses Ecoles industrielles.**

www.ingramcontent.com/pod-product-compliance
Ingram Content Group UK Ltd.
Pitfield, Milton Keynes, MK11 3LW, UK
UKHW020228180726
13838UKWH00005B/2260

9 782329 086125